Friedrich Haarhaus

Zeit wird zum Geschenk

Gebete für Ältere

Friedrich Haarhaus

Zeit wird zum Geschenk

Gebete für Ältere

echter

Die Deutsche Bibliothek – CIP-Einheitsaufnahme

Haarhaus, Friedrich:
Zeit wird zum Geschenk : Gebete für Ältere /
Friedrich Haarhaus. –
Würzburg : Echter, 1999
ISBN 3-429-02139-1

Umschlag: Uwe Jonath
Foto: Tony Stone Bilderwelten
Gesamtherstellung: Echter Würzburg
Fränkische Gesellschaftsdruckerei und Verlag GmbH
ISBN 3-429-02139-1

Inhalt

Vorwort

Sorgen vor Gott ausschütten und Zwiesprache mit ihm halten befreit. Betende wachsen über sich hinaus. Sie werden frei von einem Kreisen um ihr Ich. Von außerhalb ihrer selbst öffnen sich ihnen Auswege. Sie führen in einen Freiraum. Betende denken und handeln in einen weiten Horizont hinein. Unter dem Blickwinkel der Ewigkeit bekommen sie Mut. Sie gewinnen Abstand von dem, was sie bedrückt. Neue Perspektiven öffnen sich ihnen. Das erleichtert ihnen den Zugang zu Fragen und Problemen, die ihnen vorher verschlossen waren. Das schärft den Blick für andere.

Wer betet, bekommt Antwort. Beter reden nicht gegen die Wand. Wenn sie zu hören gelernt haben, werden ihre Gebete zu Dialogen. Das tägliche Leben stellt die Fragen. Betende bekommen Antworten im Zwiegespräch mit Gott. Vor ihm dürfen sie sich und alles, was sie belastet, aussprechen. Sie erfahren, daß sie nicht allein sind. Sie lernen, mit Gott zu denken und zu handeln.

Die Gebete Älterer geben Einblicke in ihr Seelenleben. Wer sein Herz vor Gott ausschüttet, sein Leben vor ihm ausbreitet, findet sich selbst in Gott. Er erfährt sich und seine Umwelt in einer neuen Sicht. Betende können sich seelisch verjüngen, aus Erstarrungen befreit werden. Wie Kirche sich immer erneuern soll, erfahren auch betende Menschen eine geistige Wiedergeburt. Vergebung von Gott schenkt ihnen Neuanfang, hält sie jung, läßt sie über Grenzen hinauswachsen. Die Seele lebt, und sie bleibt jung, auch wenn sie in einem alternden Kleid wohnt.

Altenpastoral bleibt nicht Berufsseelsorgern vorbehalten. Angehörige, Pflegende, Ärzte, Mitpatienten oder Mitheimbewohner, auch Freunde oder Nachbarn können sie sehr wohl seelisch verstehen. Seelische Hilfe wirkt am nachhaltigsten, wenn sie absichtslos geschieht. Wichtig dabei ist das Zuhören und Anteilnehmen. Anteilnahme schafft Zuneigung, Zuneigung öffnet Türen: Menschen schließen sich auf. Wie sie zu ihrem Älterwerden, zu Krankheit, Alleingelassensein, Abschied, Tod und Auferstehung stehen, kann mit ins Gebet genommen werden. Das gilt vor allem für Fragen, bei denen vielleicht vergeblich nach Antworten gesucht worden ist.

Betende können eine Atmosphäre entgiften, Erstarrungen aufweichen, Menschen zusammenführen. Sie strahlen unbewußt etwas von dem aus, was ihr Leben im Innersten zusammenhält. Das überträgt sich weiter. Das bestimmt die Atmosphäre in einem Umfeld. Das läßt ahnen, wo jemand seelisch beheimatet ist, welche Absichten und Ziel-

setzungen ihn in seinem Leben und Erleben bewegen.
»Gebete für Ältere« können stellvertretende Gebete, können Fürbitten sein. Der Begriff »Ältere« ist dehnbar. Er umgreift Menschen vor ihrem Ruhestand, Jungsenioren, gereifte Ältere, Menschen in den späten Jahren ihres Lebens, Hochbetagte, Heimbedürftige, bis hin zu Sterbenden. Man sollte nicht meinen, daß Altersverwirrte die Kraft von Gebeten nicht zu spüren bekommen. Sie haben – wer weiß das? – einen vielleicht unmittelbareren Zugang als andere. Sie spüren die Kraft und Glaubwürdigkeit eines Gebets. Sie merken dem Betenden an, ob er dahinter steht. Der Begriff »Ältere« meint eine Spannweite von zwei bis drei Generationen unterschiedlich Alternder. Diesen allen, ihren Angehörigen und denen, die sich um Ältere bemühen, sie pflegen und sie besuchen, ist dieses Buch gewidmet.
Die in diesem Band zusammengefaßten Gebete sind erlebt und gebetet worden. Mit ihnen verbinden sich Personen und Schicksale. Hinter dem Danken, Fragen, Bitten und Fürbitten stehen konkrete Anlässe. Darum geben die Gebete zugleich Antworten auf verschiedene Situationen, in denen sich das Leben älter Werdender bewegt.

Friedrich Haarhaus

Bitte senden Sie mir Ihr aktuelles **Verlagsprogramm** zu.

Diese Karte entnahm ich dem Buch ______________________

Ich interessiere mich vor allem für Literatur aus den Bereichen

☐ Religion/Theologie	☐ Kunst
☐ Lebenshilfe/Meditation	☐ Franken/Bayern
☐ Gottesdienst/Predigt	☐ religiöses Kinderbuch
☐ Gemeindearbeit/Pastoral	☐ Bilderbuch

Folgende Zeitschrife(n) lese ich regelmäßig: ______________________

____

Anmerkungen/Kritik: ______________________

____

1. Ruhe tut mir gut

Der Countdown läuft

Die Tage sind gezählt,
bald werde ich zum letzten Mal
zur Arbeit gehen. Ich bin
darauf nicht vorbereitet.

Abschiedspräsent und Lobeshymnen.
Mein Name in der Zeitung des Betriebes.
Die Zeit erstarrt zur Chronik.
Tore fallen dann ins Schloß.

Soll ich reisen, wandern, lesen,
Sprachen lernen, Rosen züchten?
Die freie Zeit schlägt mich in Bann.
»Wohlverdienter Ruhestand«?

»Sein Leben war nur Arbeit.«
Erspart mir diesen Nachruf!
Gut gemeinte Worte verschleiern,
was an Tiefe ich verfehlt.

Ich flüchte, Herr, zu dir:
Bewahre mich vor Leere
und vor Langeweile!
Gib meinem Leben Sinn!

Fernsehen und Computerspiele
schlagen meine Zeit nur tot.
Verleih' mir deinen Geist,
öffne mir ein weites Feld!

Jahre, die mir noch
geblieben, stelle ich
in deinen Dienst.
Hilf mir, dir zu helfen!

Aufs Abstellgleis?

Erst wurden nur die Jüngeren geschult.
Für Ältere seien keine Plätze frei.
Dann wurden sie uns vorgesetzt,
sie, die wir einst eingeführt in den Betrieb.
Uns lud man freundlich zum Gespräch.
Mit Anerkennung wurde nicht gespart.
Wir wurden abgefunden, reichlich,
und entlassen in die Ruhezeit.

Wir zählen zu den Arbeitslosen.
Nach jahrzehntelanger, harter Arbeit
kommen wir uns überflüssig vor.
Die Zeit dehnt sich unendlich.
Wie denkst du darüber, Herr?
Du hast mir oft geholfen.
Zeige mir auch jetzt den Weg!

Unerwünschte Ruhe vor der Ruhe

Ich soll die Jahre meines Lebens
noch genießen,
sagte mir der Arzt und schickte mich in Rente,
vorzeitig, mit den besten Wünschen.

Das war ein Schock.
Ich wollt' es erst nicht glauben.
Doch heute bin ich dankbar für
das offene Wort.
Das war ein Anstoß, vieles neu zu
überdenken.

»Genießen« soll ich nun mein Leben?
Das ist zu wenig.
Reifen soll es in den hellen Tag
der Auferstehung,
der uns zu neuer Hoffnung täglich
Anlaß gibt.

Ich hab's mir überlegt und komme,
Herr, zu dir.
Ich breite die verbliebenen Jahre vor dir aus.
Fülle du sie nun mit neuem Inhalt!

Nimm mich als Brückenbauer in die Lehre!
Ich möchte Gräben überwinden helfen,
die ich selbst gegraben
und vertieft.

Schenk mir Phantasie zur Liebe
für Kind und Kindeskinder,
denen ich zu wenig Zeit gewidmet!

Verzeih mir, daß ich mir nur wenig Zeit
für deinen Zuspruch nahm.
Er ist mir kostbarer denn je.
Ich freue mich auf Menschen,
die mit mir gemeinsam unterwegs sind
zu neuen Ufern reichen Lebens.

Nicht frei *von*, sondern frei *für*

»Besuch' uns jederzeit,
wir brauchen deinen Rat«,
sagten die Kollegen
mir beim Abschied.

Doch was gestern altbewährt,
ist heute überholt.
Die Zeit läuft schneller,
als ich je gedacht.

Nun wäre ich soweit,
abzuschalten und
mich auszuruhen
von des Alltags Lärm.

Hobbys hätte ich genug.
Doch die Zeit ist kostbar.
Wie wenig gab ich davon
meinen Allernächsten!

Das soll nun anders werden.
Danke, Herr, für Menschen,
die du mir gegeben
als meine Weggefährten.

Liebe möchte ich
um mich verbreiten.
Führe du mich, Herr,
zu denen, die sie brauchen.

Dann verfliegt die Zeit,
und ich vergesse, daß ich
selber Schmerzen habe
und Sorgen mich beschweren.

Das ist der Liebe Lohn:
selbstvergessen frei
zu werden für die
Sorgen andrer.

2. Älter werden und jung bleiben

Frei sein eine Last?

Kein Glied mehr in der Kette bin ich,
an der ich oft gezerrt, gerisssen.
Jetzt bin ich ledig aller Pflichten,
doch für wen, für was?

Was soll nun werden aus den Tagen
meines lang ersehnten Feierabends?
Kein Streß und Ärger mit Kollegen,
kein Diskutieren, keine Feier.

Niemand kommt und fragt mich,
ob ich Überstunden mache,
weil der Auftrag eilig,
eigentlich schon überfällig ist.

Geschäftig laufe ich durch Straßen,
als hätt' ich keine Zeit.
Und wer mich fragen könnte,
den grüße ich nur knapp.

Ich steh' mir selbst im Wege,
baue Mauern um mich her,
sitz' zuhause hinter Gittern
meiner Unzufriedenheit.

Freiheit, die ich oft ersehnte,
hält mich nun gefangen.
Müßiggang ist aller
Depressionen Anfang.

Wer bindet mich von
Leere und Alleinsein los?
Ich suche neuen Sinn und
Inhalt für mein Dasein.

Der du bist der Weg und
die Wahrheit und das Leben,
hilf das Kreuz mir tragen.
Ich bin allein zu schwach.

Nach außen aufrecht,
doch im Inneren gebeugt,
komme ich zu dir, Herr.
Richte du mich auf!

An langen Seilen der Liebe

Nach getaner Arbeit
endlich frei sein,
ohne Bindung
auch an dich, Herr,
war mein Ziel.

Ich wollte nicht mehr
»Danke« sagen müssen.
Wie oft du mich vor Unglück
und Gefahr bewahrt hast,
war mir schlicht entfallen.

Dankbar nehme ich
nun deine Hand,
die mich oft geschützt
und mir schwere
Lasten abgenommen.

Ich muß nicht alles
haben und genießen.
Zufrieden bin ich nun
mit dem, was ich dir
zu danken habe.

Das Kreuz, das du getragen,
lastet schwerer als das
meiner Altersleiden.
Wenn du mir beistehst,
lindert das die Schmerzen.

Die Seile deiner Liebe
will ich straffen.
Wenn du mich hältst,
gelange ich zur Freiheit,
die ich mir gewünscht.

Wie geht es dir?

Ein Gespräch kam
nicht zustande.
Ich erzählte
nur von mir.

Deutet das auf
Altersschwäche,
wenn ich andere
nicht frage,

was sie bedrückt,
was sie erfreut,
wovon sie träumen,
was sie wünschen?

Selbst im Gebet
dränge ich mich vor
mit meinen Bitten,
meinen Sorgen,

statt dich zu fragen
was dir, Herr, fehlt
in meinem Denken,
Reden, Handeln.

Ich nehme mich, Herr,
viel zu wichtig,
statt dich zu ehren,
wie es sich gebührt.

Dir will ich danken,
daß du Nachsicht
mit mir übst und
du mich erträgst.

Was kann ich tun
zu deiner Freude?
Was liegt dir
am Herzen, Herr?

Die Gebote und
dein Wort will
ich erkunden.
Sie sagen alles.

Du willst, daß
sie mir nutzen
und mich stärken
dir zur Ehre.

Plötzlich und unerwartet

Neue Schuhe hatte sie gekauft,
passend zu dem Kleid,
das sie zur nächsten Oper
tragen wollte.
Sie hatte sich darauf gefreut.
Karten hatte ich besorgt.

Heute wurde sie bestattet.

Warum mußte sie
so plötzlich
von uns gehen,
kaum, daß sie in Rente?

Soll ich anders fragen?
Warum durfte sie
schon heimwärts gehen,
während wir nun weiter
leben müssen ohne sie?

Ich spüre,
wie ich
Atem hole.
Es könnte
auch mit mir
ein schnelles
Ende haben.

Im Gebetbuch
meiner Mutter las ich,
von ihr selbst notiert,
auf einem Zettel:
»Bewahre mich vor einem
schnellen, unbußfertigen Tod!«

Im Haus der Geschichte

standen Kinder vor Plakaten,
buchstabierten stockend
deren Texte wie die
Hieroglyphen toter Sprachen,

schüttelten Touristen
ihre Köpfe vor den
Exponaten aus dem Krieg
und der Nachkriegszeit,

staunten Ahnungslose,
wie wir uns beholfen,
wie wir wohnten,
was wir aßen
und womit wir uns gekleidet,

stand ich schweigend hinter
Gittern längst vergessner Ängste,
erschrocken über so viel Elend
und Gefahr, die wir überlebt,

fand ich, dich, Herr,
nirgends ausgestellt, zum Glück.
Häuser der Geschichte sind
nur Windfang deines Reiches.

Ohne-mich-Politik?

Politik ist mir ein garstig Lied.
Sollen sich andere darum kümmern
und sich Wunden schlagen.
Ich geh' wählen, das genügt.

Bedenke, was die Bibel dazu sagt.
Sie redet jedem ins Gewissen:
»Tut eure Arbeit gern,
als wäre sie für den Herrn
und nicht für den Menschen!«
(Kol 3,23)

Verzeih mir, Herr des Himmels!
Wer kann dir widersprechen?
Doch haarsträubend finde ich,
wie sich Menschen in der Politik
beschimpfen und bekämpfen.

Und was sagt Jesus seinen Jüngern?
»Richtet nicht, auf daß ihr nicht gerichtet werdet.
Denn wie ihr richtet, so werdet ihr gerichtet,
und nach dem Maß,
mit dem ihr meßt und zuteilt,
wird euch zugeteilt werden.«
(Mt 7,1–2)

Woran sollte ich gemessen
und beurteilt werden?
Ich halte mich von

allen Streitereien fern.
Ich mische mich nicht ein.

Ist das die richtige Antwort?
Höre auf das Wort des Propheten:
»Suchet der Stadt Bestes!«
(Jer 29,7)

Mir liegt es nun mal nicht,
zu rangeln und zu streiten
in hitzigen Debatten.
Sie nehmen mir den Mut,
mitzumachen in den Kreisen
derer, die das Volk vertreten.

Auch dazu gibt die Bibel eine klare Weisung:
»Laß dich nicht vom Bösen besiegen,
sondern besiege das Böse durch das Gute!«
(Röm 12,21)

Ich würde gerne helfen.
Doch was soll ich tun?
Mir ist es nicht gegeben,
öffentlich zu wirken.
Ich fühle mich zu alt.

Die Bibel gibt den Rat:
»Betet ohne Unterlaß!«
(1 Thess 5,17)

Auf dem Feld der Politik
ist kein Platz für's Beten.

Da geht es um die Mehrheit
und die Vormachtstellung,
ohne Rücksicht oft auf Schwache.

Denen, die mich hören,
sage ich klar und deutlich:
»Liebt eure Feinde und betet für
die, die euch verfolgen!«
(Mt 5,44)
»Segnet eure Verfolger; segnet sie,
verflucht sie nicht!«
(Röm 12,14)

Nie habe ich gelesen noch gehört,
daß Parteien füreinander beten.
Täten sie das nur, es würde
manche Spannung lösen,
Fairneß könnte siegen.

Genau so sollte es in der Gemeinde sein:
»Dienet einander,
ein jeder mit der Gabe,
die er empfangen hat
als die guten Haushalter
der mancherlei Gaben Gottes.«
(1 Petr 4,10)

Zugegeben, Herr,
kritisieren fällt mir leichter,
als mich selber einzubringen.
Aber,
daß ich Forderungen stelle,
ist vielleicht ein erster Beitrag.

Das Gute will jedoch getan,
nicht nur gefordert werden:
»Wer also das Gute tun kann und
es nicht tut, der sündigt.«
(Jak 4,17)
Jedoch:
»Viel vermag das inständige Gebet
eines Gerechten.«
(Jak 5,16)

Ich gestehe meine Schwäche,
daß ich zu wenig unternehme.
Hilf mir, mich zu ändern
und daß ich, wenn du willst,
für dich mich einsetze!

3. Nicht nur an Jahren reifen

Träumen von dem, was war

Nach meiner Pensionierung
dehnte ich den Radius
meines Lebens bis zu
fernen, fremden Ländern.

Herumgekommen bin ich viel.
Damit soll es nun genug sein.
Ich reise nicht mehr weit,
fühle mich daheim am wohlsten.

Ich wandle jetzt genüßlich
in dem Garten der Erinnerung,
wie du, Herr, einst in Eden
»am Abend, als es kühl geworden«.

Blättere ich in meinem Leben
wie in einem Bilderbuch,
erlebe ich noch einmal neu,
wie es dazu kam, was einst war.

Lange sitze ich und träume davon,
was das Leben mir gegeben,
was von allem mir geblieben,
welche Einsicht mir gekommen.

Wohin geht die Reise?
Ich bleibe unterwegs
zu neuen Ufern,
neuen Stätten des Erlebens.

Du bist die Fülle
meines Lebens
hier und auch
in Ewigkeit.

Jeder Tag bringt mich
dir, Herr, näher.
Gib mir dein Geleit.
Amen.

Frohgemut in eine offene Zukunft

Oft schon hast du, Schöpfer,
selbst nach Katastrophen
Saat zur Ernte reifen lassen
und die Not gestillt.

So stilltest du
den Hunger deines Volkes
auf dem jahrelangen
Wüstenzug.

Alle hast du eingeladen,
Sünder, Zöllner und Versager,
gerne teilzuhaben
an dem Freudenmahl,

wo du Tränen trocknest
wie die Mutter ihrem Kind
und den Durst nach Leben
ohne Leid und Trauer stillst.

Aller Segen hier auf Erden
ist nur Angeld eines
noch viel größeren Schatzes
in der Unvergänglichkeit.

Gebet vor der Fernsehzeitschrift

Herr, sieh dir diese Zeitschrift
mit den vielen Bildern und
Programmhinweisen an!
Jede Sendung wirbt für sich.

Als hätte es Polypenarme,
lockt das bunte Blatt mich
jeden Tag für viele Stunden
vor den Bildschirm.

Sport, Natur und fremde Länder
faszinieren mich seit eh und je,
auch Musik und gute Unterhaltung
ohne Action und Gewalt.

Nachrichten, Talkshows und Debatten
bringen mich auf den neuesten Stand.
Die Serie montags, mittwochs, sonntags
ist Gesprächsstoff unter Freunden.

Zur Entspannung seh' ich gerne
einen Spielfilm mit beliebten
Filmstars aus der alten Zeit.
Ich brauche was für's Herz.

Auch Filmberichte aus der Heimat
sind für mich sehr wichtig.
Die Werbung mag ich nicht,
doch nehm' ich sie in Kauf.

Meine Zeit wird immer
knapper, und mein Leben
rinnt dahin. Sollt' ich sie
nicht besser nutzen, Herr?

Gib mir Weisheit und Verstand
und die nötige Beherrschung,
daß ich nicht der Sucht erliege,
nur noch stumm passiv zu sein!

Zeitung und Bibel nebeneinander

Nach dem Bibellesen heute morgen
hatte ich mit dir gesprochen.
Danach las ich Zeitungsüberschriften,
darum komme ich noch einmal,
Herr, zu dir.

Schon die Überschriften lösten
Schrecken und Entsetzen bei mir aus:
Kriege, Morde und Verbrechen,
Katastrophen aller Art.

Sind das Endzeitszeichen,
Zeichen also einer Zeit,
die schon Jesus damals
seinen Jüngern prophezeit?

Wenn die Liebe wird erkalten,
werde er bald kommen
und die Seinen sammeln,
sagte er zum Trost voraus.

Eine Zeitung
bringt nur Neues,
spiegelt darin Züge
von dem Geist der Zeit.

Doch die Bibel
weist mir Wege aus dem
Nebel der Gedanken
in das lichte Heil.

Laß mich dein Heil schauen,
Schöpfer und Erhalter!
Mich verlangt nach dir,
du Heiliger Geist.

Segen einer langen Ehe

Wie am Anfang unserer Ehe
sind wir beide nun allein.
Die Kinder gingen aus dem Haus
und bauten sich ihr eigenes Nest.

Die Tage geh'n dahin im Flug.
Gerne tauschen wir uns aus,
auch ohne viele Worte
in vertrauter Zweisamkeit.

Dafür wollen wir dir danken, Herr.
Wir bleiben unterwegs zu dir.
Halte uns auf deinen Wegen
in Liebe und in Sorge füreinander.

Wenn einer von uns irgendwann
den anderen wird abgeben müssen,
dann stehe du uns bei, Herr,
daß wir einander nicht verlieren,
sondern dich gemeinsam loben, preisen.

Nach dem Tod des Mannes

Noch stehen die Betten zusammen,
der Schrank ist gefüllt
mit Anzügen, Kleidern, Schuhen,
einiges davon ungetragen.
Noch hängen an der Garderobe
sein Mantel, Jacke und Hut.
Ich kann mich nicht trennen.
Ich täusche mir vor,
er käme bald wieder zurück
vom Gang zu dem Nachbarn.

Ein Abschied auf Raten.
So hoffte ich das Schwere
leichter zu überwinden,
als abrupt von heute auf morgen
mit Gewohntem zu brechen.
Zu schwer fiel mir die Trennung,
nachdem wir Jahrzehnte gemeinsam
Tiefen und Höhen durchmessen.

Einer mußte als erster
vom anderen scheiden.
Daß ich übriggeblieben,
Gott weiß schon, warum.
Was wir gemeinsam durchlebt,
die vielen Jahre des Glücks,
erfüllt mich mit innigem Dank.
Liebe, die in Vergebung gegründet,
hat die Verheißung von Dauer.

Jedem schenkt Gott seine Gaben,
damit er mit Aufgaben reift,
auch über Grenzen hinaus,
zu neuem Beginnen und Wagen.
Ich denke, noch manches zu tun,
was mir von Gott aufgetragen.

Schenke mir dazu,
Herr, Wille und Kraft!
Hilf mir auf Wegen
zu dir und zu ihm!
Vereine uns, Herr,
zu deiner Anbetung!

Vor dem Fernseher

Worte, viel zu schnell gesprochen,
hasten durch den Raum ins Nichts.
Seh' ich fern, wenn sich die Bilder jagen?

Der Film verschwimmt vor meinen Augen.
Ich träume vor der Leinwand meines Inneren
den Wunschtraum längst vergessener Zeit.

Über Wiesen, Felder, Gärten, Häuser
meiner alten Heimat streift mein Blick.
Das alles ist mir liebenswert vertraut.

Ich sehe mich als Kind im Elternhaus,
spielend mit Geschwistern scherzen,
klettere in den Apfelbaum des Nachbarn.

Die Mutter, meine Mutter ruft mich,
und ich laufe schnell in ihre Arme.
Vater tritt uns lächelnd näher.

Zufrieden bin ich tief entschlummert,
spät am Abend wieder aufgewacht,
als die Nachrichten gesprochen.

Keine Sendung ist so abendfüllend
wie der Film des Lebens, dessen Inhalt
du, Herr, sehenswert für mich gemacht.

Nahes rückt mir unerreichbar in die Ferne,
Fernes blickt mich aus der Nähe an,
wenn ich mich in deiner Liebe berge.

Aus dem Fenster träumen

Ich kann nicht mehr raus,
nur noch im Rollstuhl,
wenn andre mich fahren.

Durch das Fenster
seh' ich auf der Straße
Menschen hasten,
Kinder spielen.
Pulsierendes Leben.
Ich nehme nicht teil.

Der ältere Mann dort mit Hund
geht Abend für Abend vorüber.
Die Frau mit dem Kopftuch
kommt von der Spätschicht.
Arm in Arm schlendern
Paare im trauten Gespräch.
Ein Blatt am Baum noch
vor dem Haus gegenüber
wiegt sich im Wind.
Ich sitze und träume,
geblendet vom Lichtstrahl
der Sonne über den Dächern.

Neblig verschwommen
kommen mir Bilder,
werden lichter und klarer.
Ich sehe mich spielen
mit anderen Kindern,

zur Schule und später
zur Arbeit eilen.
Damals waren
die Häuser noch grau.
Jetzt sind sie farbig,
und sind doch dieselben.

Wenn die Sonne glutrot
hinter den Dächern versinkt,
fallen die Augen mir zu.
Ich träume ihr nach
über Länder und Meere.
Anderen Menschen
und Völkern
bringt sie nun
strahlenden Morgen.

Je länger die Nächte
am Abend des Lebens
mir werden,
sei du, Herr,
mir Quelle des Lichts.

Je dunkler die Wolken,
desto heller durchbreche
dein Kommen, o Herr,
alle Trübsal und Not.

Bevor ich noch vergeßlicher werde

Meine Vergeßlichkeit nimmt zu.
Ich verwechsle Namen,
vergesse Termine und Zahlen,
stecke Briefe falsch ein.
Zu dir, Heiland aller,
flüchte ich ratlos.

Ich weiß,
wir alle werden älter.
Doch es fällt mir schwer zu beten:
»Dein Wille geschehe.«
Verzeih mir den Kleinmut!

Nur um eines bitte ich dich:
Bewahre mir einen klaren Kopf,
damit ich weiß,
wer ich bin,
was ich will,
wohin ich gehe!

Solange ich noch fähig bin zu denken,
bekenne ich mich, Herr, zu dir.
Bleibe du das Ziel meines Lebens!
Daß ich dich oft wenig beachtet,
verzeih mir, barmherziger Vater!

Danken kann ich dir niemals genug
für alle Fürsorge und Liebe,
mit der du mir immer zuvorkamst,
auch daß du Geduld mit mir übtest
und mir meine Sünden vergabst.

Das wollte ich dir sagen,
bevor ich – wer weiß –
noch vergeßlicher werde.

Danken und zugleich bitten
möchte ich für die Familie,
für Nachbarn und Freunde,
für Junge und Alte,
Arbeitslose und Kranke,
und für die Bewahrung
deiner großartigen Schöpfung!

Segne uns alle mit deinem Segen,
damit wir dich loben und preisen
jetzt und in Ewigkeit. Amen.

4. Heim ins Heim

Geh’ mit mir ins Heim

Was habe ich im Himmel außer dir?
Neben dir erfreut mich nichts auf der Erde.
Auch wenn mein Leib und mein Herz verschmachten, Gott ist der Fels meines Herzens und mein Anteil auf ewig.
(Ps 73,25–26)

Ich soll ins Altenpflegeheim.
Lieber bliebe ich daheim
und sorgte für mich selbst.

Bitte, geh mit mir!
Herr, ich weiß,
du verläßt die nicht,
die dich brauchen.

Nun bin ich auf die Fürsorge
fremder Menschen angewiesen.

Was und wie gekocht wird,
kümmert mich, ich hoffe, wenig.
Das alles kann durch
Liebe aufgewogen werden.
Liebe aber wohnt bei denen,
die im Dienst dich ehren, Herr.
Sanftmut ist ihr Kleid,
geschmückt mit Rücksicht,
Güte und Barmherzigkeit.

Das, ich bitte dich,
o Herr, gib uns allen,
den Mitarbeitern,
Helfern und Bewohnern
in dem großen Haus,
das meine neue Bleibe
sein wird.
Danke!

Im Heim daheim

Ist das Heim die letzte Station
auf meiner Erdenreise,
Wartesaal zur Ewigkeit,
Vorzimmer zu dir, Herr?

Ein neuer Lebensabschnitt
beginne nun, wurde mir gesagt.
Ich würde mit allem versorgt,
was ich zum Leben brauche.

Was benötige ich noch?
Daß ich hier bin,
notfalls gepflegt werde,
erfüllt mich mit Ruhe.

Schenke mir Freunde, Herr,
die nicht klagen
über Benachteiligung,
Schmerzen und Krankheit!

Zeige mir Bewohner,
mit denen ich über dich
sprechen kann und die
deine Interessen teilen!

Ausstrahlen möchte ich dich,
auch ohne Worte,
und niemandem
im Wege stehen.

Stärke dazu mein Gebet
gegen Zank und Streit,
Neid und Mißgunst
unter Menschen!

Bewahre mich davor,
daß ich Grund
oder Opfer solcher
Streitereien werde!

Ich bitte dich für alle,
die in diesem Hause
wohnen, arbeiten
oder uns besuchen:

Gib uns dein Geleit!

Monatliches Taschengeld

Bald kommen sie wieder.
Sie brauchen Geld.
Ich freue mich schon,
sie zu sehen.

Was soll ich mit dem,
was mir monatlich
als Taschengeld
hier ausgezahlt wird?

Größere Freude
bereiten mir Menschen,
die mich fragen,
wie es mir geht.

Ob sie nur kommen,
weil es Geld gibt?
Einsamkeit
lastet schwer.

Schon immer wollte
ich sie fragen,
was sie machen
mit dem, was ich gebe.

Doch kaum sind sie da,
werfe ich mir vor,
daß ich solches
jemals im Sinn hatte.

Und sollten sie
das Geld mehr
lieben als mich –
ich verzeihe es ihnen.

Abgeben mußte
ich erst lernen.
Nun bin ich reich,
weil ich es kann.

Das fehlte mir noch.
Herr, du weißt es.
Danke, daß ich es
von dir gelernt!

Wehrlos ausgeliefert?

Seid fröhlich in der Hoffnung,
geduldig in der Bedrängnis
beharrlich im Gebet!

(Röm 12,12)

Kein Gruß, kein Augenzwinkern,
Nicken oder Lächeln, kein Wunsch
für einen guten Morgen oder Tag.
Nur Ärger oder schlechte Laune?

Jeder Handgriff tut mir weh,
seelisch mehr als körperlich.
Mag sie keine alten Schwachen,
oder ist sie überfordert?

War das Trinkgeld zu gering,
ist die Pflege ihr zu schwer,
gab es Streit in der Familie,
hat sie schlecht geschlafen?

Jedes Wort ist schon zu viel.
Schweigen macht's nicht besser.
Bin ich wehrlos ausgeliefert
ihrem Gram und Mißmut?

Wer ist Richter zwischen uns?
Wem kann ich, Herr, vertrauen?
Belaste ich sie noch mehr,
wenn ich mich beschwere?

Du, Herr, betetest für die,
die dich marterten zu Tode.
Ich bitte dich für alle,
unter denen ich jetzt leide.

Vergib auch mir die Schuld,
wie ich vergebe denen,
die mich ratlos machen!
Heile und verbinde uns!

Bewahre mich davor,
Bosheit zu verbreiten!
Entwaffnen kann nur
meine Bitte um Vergebung.

Trage ich dein Leiden, Herr,
an meinem alterskranken Leib
und schwachen Geist?
Dann gib mir deine Kraft!

Ich bitte dich.

Für alle, die mich pflegen

Altern ist kein Kranksein.
Sterben müssen alle,
oft auch unverbrauchte,
junge Menschen.

Liebevoller Zuspruch
stimmt mich froher
und getroster
auf dem letzten Lebensweg.

Gibt es keine Rückkehr
in das Altgewohnte,
macht der Übergang
zu Neuem hoffnungsfroh.

Für den Ausblick
in die ungebrochene
Liebe der Vergebung
bürgst du, Gott, selber.

Doch der Weg dorthin
wird leichter, kürzer,
wenn Barmherzige
ihn säumen.

Dank sei allen,
die den Abschied
mir erleichtern
und mir Gutes tun,

die mir Schwachem
Wege weisen
in das Licht
der Auferstehung.

Vor dem Hl. Abendmahl

Schöpfer des Lebens,
wir loben dich.
Du schenkst uns das Brot,
die Frucht der Erde
und der menschlichen Arbeit.
Laß dieses Brot für uns
zum Brot des Lebens werden.

Schöpfer des Lebens,
wir loben dich.
Du schenkst uns die Frucht des Weinstocks,
das Zeichen des Festes.
Laß diesen Kelch für uns
zum Kelch des Heils werden.
Wie aus den Körnern das Brot,
aus den Trauben der Wein geworden ist,
so mache aus uns eine Gemeinde,
ein Zeichen des Friedens
für diese Welt.

Herr, ich bin nicht wert,
daß du unter mein Dach gehst,
aber sprich nur ein Wort,
so wird meine Seele gesund.

Ich will das Himmelsbrot nehmen
und den Namen des Herrn anrufen.
Wie soll ich dem Herrn vergelten
alle seine Wohltat,
die er an mir tut?

Ich will den Kelch des Heils nehmen
und den Namen des Herrn anrufen.

Öffne uns die Augen
für das Wunder des Brotes,
für das Wunder der Erde,
die voll ist von deiner Güte, Gott.
Öffne uns die Augen,
damit wir den Hunger derer sehen,
die sich selbst nicht helfen können,
das Leiden derer,
die einsam sind,
die Verzweiflung derer,
die sich in Haß verzehren,
den Durst nach Verständnis bei denen,
die sich verschließen.

Herr Jesus,
du gibst dich in Brot und Wein.
Du gibst uns deine Liebe.
Hilf uns weiterzugeben,
was wir empfangen haben.
Amen.

Jesus Christus,
stärke und bewahre mich
im Glauben zum ewigen Leben.
Amen

(aus: Evangelisches Gesangbuch, Nr. 677,
landeskirchlicher Teil für Bayern und Thüringen)

Nach dem Hl. Abendmahl

Wir danken dir, Vater,
für das Leben und die Erkenntnis,
die uns kundgetan
durch Jesus, deinen Sohn.
Wie dies Brot,
das wir gegessen haben,
in den Körnern zerstreut war
über die Hügel und nun
zu einem geworden ist,
so werde von den Enden der Erde
deine Kirche vereint in deinem Reich.
Du hast alles geschaffen
und gibst Speise und Trank,
den Menschen zur Erquickung.
Uns aber hast du
geistliche Speise gegeben
und ewiges Leben
durch Jesus, deinen Sohn.
Gedenke, Herr, deiner Kirche.
Entreiße sie dem Bösen
und vollende sie in deiner Liebe.
Bringe sie heim
von allen vier Winden
in dein Reich.
Denn dein ist das Reich
und die Kraft
und die Herrlichkeit
in Ewigkeit. Amen.

(Zwölfapostellehre, 2. Jahrhundert; aus: Gotteslob Nr. 373,5)

Spät kam die Liebe, doch sie kam

Mutter starb früh.
Vater heiratete nicht mehr.
Ich blieb ledig, sorgte für den Vater
mein Leben lang.
Nun bin ich selber alt
und schon lange blind.
Dankbar bin ich, wenn mich jemand führt.
Doch, wer nimmt sich Zeit für Blinde?

Ein Mitbewohner zeigte sich erkenntlich.
Er führte mich täglich durch den Park.
Das gefiel uns beiden, tat uns beiden gut.
Ganz allmählich wuchs die Zuneigung zu ihm,
wir gingen manche Tage Arm in Arm.

Sehr gesprächig war er nicht,
mein später Freund,
aber rücksichtsvoll und stets voller Geduld.
Zufrieden sonnten wir uns
auf der Bank im Park,
Schicksalsgefährten eines bunten Herbstes.
Viele, die uns sahen, freuten sich mit uns.

Dann erlitt er einen Schlaganfall.
Von da an blieb er an sein Bett gefesselt.
Jetzt wurde ich sein Beistand in der Not.
Täglich saß ich bei ihm, sprach ihm Trost zu
und gab ihm zu essen und zu trinken.

Letzte Woche starb mein guter,
alter Freund.
Wer führt mich nun?
Ich möchte an sein Grab,
ihm Blumen bringen und Gott bitten,
daß er ihn tröste in der Ewigkeit.

Die Zeit steht still.
Ich bitte dich:
Herr, komme bald!

5. Ich bejahe mein Alter

Der Baum von nebenan

Wer verdankt sein Leben
einer Laune der Natur?
Niemand. Auch nicht
der Baum von nebenan.

Tag für Tag zerrt der Wind
an seinem trockenen Geäst.
Moosüberwachsen und
zerzaust ist er schon lange.

Und dennoch trotzt er
Sturm, Schnee, Trockenheit
und Hitze besser noch
als mancher junge Baum.

Zur Sonne wandte sich
das Heer der Blätter,
nun rollen sich im Sommer
viele ausgedörrt zusammen.

Die Wurzeln heben sich
starr aus dem Boden,
doch saugen sie noch
Kraft in alle Adern.

Schön ist er nicht,
doch eigenwillig interessant,
fotogener als die Bäume,
die Spalierobst tragen.

Schwulste an den Ästen
wuchsen schon recht früh:
Baumkrebs. Doch er
wehrte diesem Unheil.

Ganz allmählich aber
schwinden seine Kräfte,
kranke Zellen wuchern,
und sie zehren gnadenlos.

Der Sturm im Frühjahr
brachte ihn zum Wanken.
Doch noch steht er
festgewurzelt in der Erde.

Werden junge Triebe
aus ihm sprießen,
wenn er liegt am Boden?
Werden sie erstarken?

Ich liebe diesen Baum.
Ich sehe ihn als Gleichnis
für mein Ringen um
ein gottgewolltes Leben.

Gründe gäbe es genug,
daß ich mich fallen lasse
und bloß liegen bleibe,
bis ich überwachsen bin.

Doch ich stehe aufrecht,
trotze Wind und Wetter,
werde mich erst beugen,
wenn du, Gott, es bestimmst.

Du, Herr, sorgtest
für mein Werden.
Dir vertraue ich
mein Sterben an.

Er ist wie ein Baum,
der an Wasserbächen gepflanzt ist,
der zur rechten Zeit seine Frucht bringt
und dessen Blätter nicht welken.
Alles, was er tut, wird ihm gut gelingen.
(Ps 1,3)

Dank meinem Lastenträger

Gepriesen sei der Herr, Tag für Tag!
Gott trägt uns, er ist unsere Hilfe.

(Ps 68,20)

Darf ich oder muß ich
älter werden, Herr?
Willst du belohnen,
strafen oder prüfen?

Hat mein Alter Sinn?
Kann ich es bejahen?
Wohin soll ich reifen,
wenn ich Mangel leide?

Wer will dieses Knäuel
von Schuld und Schicksal
so entwirren, daß ich
eine Antwort finde?

Im Alten Bund waren
Graugewordene geehrt,
weil du sie ausgezeichnet, Herr,
mit langem Leben.

Trotzdem gingen einige
gebeugt an Altersleiden
und -gebrechen. Doch
sie trugen es mit Stolz.

Kommt das Schwere, Herr,
aus deiner guten
und geliebten Hand,
will ich in Geduld mich üben.

Mehr Menschen finden
durch das stille
Tragen ihrer Lasten
einen Weg zu dir

als durch eine noch so
gute Predigt, sagt man.
Wenn du tröstest und mitträgst,
beglückt mich deine Nähe.

Nimm das Opfer meiner
Leiden und Gebrechen an.
Sei mein Lastenträger, Herr!
Ich lobe und ich preise dich.

Gebet mit dem Gesicht zur Wand

Kann ich mit den Kindern
nicht mehr reden über dich,
spreche ich mit dir, Herr,
über meine Kinder.

Die Wand an meinem Bett,
zu der ich mich gedreht,
wird zum Fenster meiner
geistigen Augen.

Ich seh' sie vor mir,
die Kinder und die
Enkel, die großen
und die kleinen.

Dank sei dir für jedes Kind,
auch für die Sorgenkinder!
Die Mühe, die sie mir bereiten,
hält mich wach.

Du hast sie mir geliehen,
nicht geschenkt, Herr.
Dir habe ich sie darum
in der Taufe neu geweiht.

Zu dir hin wollte ich sie
führen und erziehen,
doch stand ich mir
oft selbst im Weg.

Ich bedaure meine Fehler,
die ich ihnen wohl vererbt
oder anerzogen habe.
Vergib sie ihnen, Herr!

Danke, daß ich dir
bekennen kann,
was mich hinderte,
vorbildlich zu sein.

Dir vertraue ich
die Kinder an.
Führe sie
auf rechter Bahn!

Vertreibe alle
Dunkelheiten
ihres Lebens!
Leuchte ihnen!

Halte, Herr,
auch mich
auf dem Wege
in dein Reich!

6. Ich weiß, wohin ich gehen werde

Neues Leben ewig

Vom Tode fühl' ich
mich gezeichnet
wie ein alter Baum,
der schon markiert.

Junge wachsen nach.
Sie brauchen Raum
für Luft und Sonne,
um zu reifen.

Gebeugt und krumm
bin ich geworden,
obwohl ich früher
kerzengerade.

Schleppend ist mein
Gang, obwohl ich
tanzen konnte einst
wie eine Feder.

»Lebt sie noch?« – so
hörte ich vor meinem
Fenster jemand fragen,
als ich lange krank.

Erspare mir ein schweres
Krankenlager, Herr!
Wer soll mich pflegen,
wer soll mich versorgen?

Die, die mich kannten,
sind alle weggezogen
oder selber krank,
manche auch schon tot.

Daß ich auf Fremde
angewiesen bin,
zwingt mich zur Demut
und zur Dankbarkeit.

Ich wehre mich nicht,
deinem Ruf zu folgen,
mein Erdenkleid
zurückzulassen.

Nimm meine Seele, Herr,
zu dir. Entkleide mich
der Hülle, die gealtert
und zur Last geworden.

Danke für das Leben,
das du mir geschenkt!
Befreie mich
zu neuem Leben.

Wenn die Kräfte nachlassen

Wißt ihr nicht,
daß die Läufer im Stadion zwar alle laufen,
aber daß nur einer den Siegespreis gewinnt?
Lauft so, daß ihr ihn gewinnt.
... jene tun dies,um einen vergänglichen,
wir aber um einen unvergänglichen Sieges-kranz zu gewinnen.

(aus: 1 Kor 9,24–25)

Noch bin ich nicht am Ziel,
doch die Kräfte schwinden,
ich verlangsame den Schritt.
Die Endrunden meines Lebens
fallen mir unendlich schwer.

Nimmst du mich in deine Schule?
Soll ich lernen, daß ich vor dir
weder heilig noch gerecht bin,
daß du Gnade jedem schenkst,
der mit Bitten zu dir kommt?

Nichts bleibt mir, worauf ich
einst so stolz gewesen bin,
Gesundheit, Geld,
Rang und Namen.
»Alles ist eitel«,
verliert seinen Glanz,
welkt und vergeht.

Du allein bleibst der Sieger.
Ich halte meine Hände offen.
Bitte, schenke mir den Sieg,
den du für mich errungen.
Ewiges Licht, hole mich heim!

Der du bist mit Licht umkleidet

An das Leben
in deiner Nähe
dachte ich schon
vor dem Sterben.

Jede Krankheit
war ein Klopfen
und Erinnern
an den Heimgang.

Willig, wenn auch
stolpernd, bin ich
deiner Mahnung
früh gefolgt.

Dankbar bin ich
meinen Eltern,
die das Beten
mich gelehrt.

Was früh geübt
und beibehalten,
trägt im Alter
seine Früchte.

Ich danke meinem Mann,
der, obwohl nicht gläubig,
mich vom Kirchgang
niemals abgehalten.

Heilige ihn, Herr,
durch die Ehe, *
die uns beide
glücklich machte.

Segne Kind und
Kindeskinder,
die für uns ein
Reichtum waren.

Die Vergebung
unserer Schuld
öffnet uns den
Weg zu dir.

Der du bist mit
Licht umkleidet,
schenke uns das
Licht des Lebens!

* 1 Kor 7,14

Ich gebe niemals auf

Niemals zieh' ich
deine Siegeszeichen
in dem Kampf,
der mir verordnet ist, zurück.

Lieber will ich
meine Hände falten
zum Gebet und
dich bitten:

Laß mich aus dem
Brunnen deiner Gnade
Kräfte schöpfen
für die Ewigkeit!

Stärke mich, Herr,
in der letzten Not,
wenn der Ausweg
scheint versperrt!

Schenke mir den
Trost der Kirche
für den letzten
Teil der Reise!

Gib mir Menschen,
die mit Beten
mir die Türe
zu dir öffnen!

Geleite du mich
von dem Glauben
zu dem Schauen
deiner Gegenwart!

Du hast mich gerufen

Kostbare Jahre
und Jahrzehnte
lebte ich, Herr,
ohne dich.

Zum Spielball
wechselnder
Meinungen
bin ich geworden.

Kraftlos sind
die Hände.
Ich kann nur
Danke sagen.

Doch du hast
mich in später
Stunde noch
gerufen.

Zitternd stehe ich
wie ein Besiegter
vor der Gnade
seines Siegers.

Meiner Seele
Augen blicken
zu dir auf,
du Höchster.

Alles jubelt
in meiner Seele,
Herr, zu dir.
Du bist mein Licht.

In deine Hände
lege ich mein Leben.
Nimm es
gnädig an!